7
LK 3113.

NOTICE HISTORIQUE

SUR

HAUTERIVES

(Drôme).

Par A. LACROIX,

Membre de la Société statistique et instituteur à Hauterives.

VALENCE,
IMPRIMERIE DE MARC AUREL, ÉDITEUR.

1854.

A Monsieur Ferlay, Préfet de la Drôme.

Monsieur le Préfet,

Votre nom ouvrira toujours avec honneur toute notice historique sur Hauterives : vous en êtes l'Enfant le plus illustre.

A l'exemple de Notre Auguste Empereur, dont vous avez à si juste titre la confiance, vous marquez tous les actes de votre laborieuse Administration au coin de la sagesse et de la vertu. L'histoire vous en tiendra compte.

Mandataire d'un Gouvernement protecteur des Sciences et des Lettres, vous méritiez la dédicace de ce faible travail : mais le placer sous les auspices du plus glorieux Enfant d'Hauterives, c'était pour l'auteur un véritable devoir.

Puissiez vous donc, Monsieur le Préfet, au milieu de vos graves occupations trouver quelque charme à évoquer les souvenirs de la terre natale.

Dans cet espoir, je suis avec le plus profond respect,

Monsieur le Préfet,

Votre très-humble et très-obéissant serviteur,

LACROIX.

Hauterives, le 20 mai 1854.

NOTICE HISTORIQUE

SUR

HAUTERIVES

(Drôme).

———•○•○•○•———

Placé entre deux coteaux élevés qui se continuent de Roybon à Saint-Vallier, se rapprochant ou s'écartant parfois, le bourg d'Hauterives, assis dans la belle vallée de la Galaure, dut son nom à sa position, comme Auberives doit le sien à l'aspect blanchâtre de ses alentours et Montchenu à la nudité de ses crêtes. (A. du Rivail, de Allobrogibus, p. 77.)

Ce modeste village était construit jadis dans l'enceinte d'un château fort, sur le versant d'une côte sablonneuse qu'un éboulement ancien semble avoir détachée de la rive septentrionale de la Galaure. Mais Hauterives, par sa position actuelle aux bords de la paisible et parfois tumultueuse rivière, destiné à devenir une halte agréable entre Vienne et Romans d'un côté, Saint-Vallier et Roybon de l'autre, s'embellit et s'accroit chaque jour. Une fête nouvelle, le dimanche 28 mai 1854, va lui ouvrir les trésors du commerce et de l'avenir. La Galaure naguères infranchissable est à jamais domptée : le magnifique pont suspendu qui unit Romans à Vienne, doit être béni solennellement à la fin de ce mois.

Outre les richesses d'un site varié, Hauterives peut encore revendiquer à bon droit d'assez nombreux souvenirs féodaux et appeler l'attention des savants et des curieux sur ses mines importantes de lignites et ses autres raretés.

Mais laissons aux voyageurs quelque surprise et soulevons un peu le voile d'oubli qui pesait à tort sur ce beau village.

A quelle époque remonte sa fondation ? Faut-il en faire honneur aux Allobroges, premiers habitants connus du Viennois, aux Romains leurs vainqueurs, aux Bourguignons ou aux Francs ? Telle est la première question à resoudre ; mais sur les ténèbres de laquelle l'histoire malheureusement ne daigne pas jeter le plus faible rayon de lumière.

Les faits et gestes des plus anciens possesseurs du château d'Hauterives, sont décrits avec tous les charmes d'une riche poésie par l'Arioste, et, si à l'intérêt historique de ce lieu il était besoin de joindre les brillantes fictions des légendaires, on pourrait aisément en faire le théâtre de maints évènements tragiques.

Une esquisse rapide des exploits et de la fin malheureuse des premiers possesseurs d'Hauterives, pourra sans doute nous suffire et chacun en croira ce qu'il voudra.

Or donc, il y a 1050 ans environ, sous le grand empereur Charlemagne, le Dauphiné recélait encore dans ses montagnes de nombreux Sarrazins échappés au fer de Charles Martel. Et là force chevaliers errants, gentilshommes et dames isolés ou réunis venaient faire une chasse impitoyable aux soldats du Coran aujourd'hui nos protégés.

Le comte Anselme, originaire de Mayence, et son digne fils Pinabel, avaient fait de leur château d'Hauterives un repaire de brigands. Quiconque osait en approcher était lâchement retenu dans les fers. Le sexe, l'âge, la gloire, rien ne trouvait grâce aux yeux des cruels seigneurs sans cesse aux aguets du haut de leurs tours. Ils en voulaient surtout aux chevaliers errants. Etait-ce amour de la nation Maure qui les poussait, était-ce la soif des richesses et du pillage? Nul ne saurait l'affirmer.

Cependant un jour Pinabel luttant contre une vaillante amazone, demeure étendu raide mort sur le sol. On juge de l'amère douleur d'Anselme à la vue du cadavre de son cher et unique héritier. Dans sa fureur il veut immoler tous les infortunés prisonniers qu'il tient à la chaîne. Mais une magicienne lui amenant le prince écossais Zerbin, l'auteur prétendu de la mort de Pinabel, il le fait condamner au supplice du feu. Déjà l'innocent est lié au poteau fatal, déjà la flamme pétille, soudain un bruit effrayant d'hommes et de chevaux suspend l'exécution terrible. Le paladin Roland arrivait avec ses braves. En un clin d'œil Zerbin et ses amis sont délivrés, le château d'Anselme devient la proie du feu et le cruel seigneur expire sur les corps palpitants de ses 80 soldats ou valets ! (*Roland le furieux*, chant, 20e). Et qu'on ne dise pas : l'Arioste n'a pas voulu parler d'Hauterives en Viennois ! Car le paladin Roland est venu guerroyer en Dauphiné contre les Maures, et les Clermont, à la famille desquels se rattachent les personnages mis en action par le poète, ont été seigneurs de cette commune jusques vers 1460 !... (Aimar du Rivail, 362, Chorier H. G. 1., 661).

Quoiqu'il en soit le voile obscur qui pèse sur Hauterives ne se déchire un peu, historiquement parlant, qu'au XIe siècle. Alors naissent dans ce lieu deux illustres personnages qui suffisent à eux seuls pour le rendre à jamais digne de mémoire, au dire de Chorier. (Hist. G. II. 43).

Le premier, Amédée le Vieux, quitte subitement le siècle pour le cloître, la gloire pour l'humiliation, la fortune pour la pauvreté; et le second, appelé aussi Amédée, l'ami des papes et des empereurs, prélat distingué et écrivain de mérite, brille au rang des grandes lumières sorties de l'école de l'illustre Saint-Bernard.

II.

Par un beau jour de l'an 1119, dix-sept nobles chevaliers, le visage riant et le cœur plein de joie se dirigeaient vers Bonnevaux, dans la paroisse de Saint-Symphorien-du-Marc, à quelques lieues de Vienne. A la tête de la pieuse caravanne marchaient Amédée d'Hauterives, Armand de Rives et Berlion de Moirenc. (Manrique annal. Cist. — Cousin, Vies des Saints des maisons de Clermont, d'Hozier, grand armorial, registre V.)

L'abbé Jean, plus tard évêque de Valence et honoré du culte des saints, gouvernait alors avec sagesse la modeste colonie de Bénédictins de Citeaux, amenés en ce désert par l'archevêque Guy de Bourgogne. Mais l'arbre majestueux de saint Benoit destiné à protéger de son ombre tutélaire les belles lettres et la civilisation, n'avait encore à Bonnevaux qu'une faible et fragile branche en butte aux orages de l'opposition et de la malveillance. Cette illustre Abbaye naissait à peine. (Collombet, hist. de la Sainte-Eglise de Vienne, II, 29 et suiv.)

Dès qu'on eut signalé au saint abbé Jean l'approche de nombreux visiteurs, il se rendit au parloir, l'âme pleine d'une douce espérance. Bientôt les pèlerins annoncés arrivent devant lui et, prosternés à ses pieds, réclament un asile dans son monastère, avides qu'ils sont disent-ils, de trouver un port sûr et tranquille après une traversée orageuse dans la vie.

Pourquoi, répond l'abbé cachant sa joie sous un air sévère, pourquoi choisissez-vous une si humble retraite? Savez-vous combien la règle de Cîteaux est rigide? Nos tuniques sont chaudes en été, froides en hiver : si nous vous recevions il vous faudrait laisser votre propre volonté à la porte du monastère, ne faire avec nous qu'un seul repas à trois heures du soir, manger un pain grossier, des racines et des herbes mal assaisonnées après de rudes travaux, coucher sur un grabat, vous lever à minuit pour la prière et la méditation, défricher le désert et le contraindre à devenir fertile à force de sueurs, voir tous les religieux sans pouvoir leur parler et subir de rudes pénitences pour de légères fautes. Pendant qu'il en est temps encore, choisissez un ordre dont la règle soit plus facile et délibérez ensemble sur ce que vous avez à faire : car, sachez-le bien, ajouta-t-il, avec une rude franchise, les honneurs du siècle vont à jamais s'évanouir pour vous; comme les plus humbles frères, vous deviendrez bouviers, jardiniers et laboureurs.

Père saint, dit Amédée au nom de ses compagnons, nous vous supplions de nous admettre au noviciat dès aujourd'hui : le tableau des austérités de votre ordre loin de nous effrayer excite notre ardeur. Quand on a enduré les fatigues des combats pour l'intérêt des hommes, reculerait-on lâchement devant quelques privations dont une éternité de bonheur doit être la récompense? Non, non répètent avec enthousiasme dix-sept voix.

L'abbé Jean reçut avec plaisir ce nouveau

témoignage de la sincérité de leur vocation ; il les laissa néanmoins passer la nuit au parloir, dans l'appartement des étrangers.

Quand il se fut retiré, quelques-uns des amis d'Amédée proposèrent d'entrer chez les Templiers ou chez les Moines noirs ; mais le seigneur d'Hauterives eut bientôt ranimé le courage de ces âmes pusillanimes. Eh quoi, leur dit-il, vous avez pu braver avec moi les plus terribles périls de la guerre et vous trembleriez aujourd'hui avant d'avoir engagé le combat !... Vivons et mourons ensemble à Bonnevaux.. et tous, le lui promettent à l'instant.

Le lendemain matin, l'abbé Jean, fort impatient de connaître la résolution des nobles postulants, revient à eux et les trouve si fermement décidés à persévérer, qu'il leur promet de les admettre au noviciat. (Cousin, ouv. cit. Collombet, etc.)

Un an plus tard, en effet, on comptait à Bonnevaux dix-sept religieux nouvellement profès, l'exemple et le modèle de leurs frères.

Quel avait donc été le motif de l'étonnante conversion du seigneur d'Hauterives?

Son biographe, moine ignoré de Bonnevaux, dont Manrique, d'Hozier et bien d'autres ont reproduit le travail, ne nous apprend rien d'extraordinaire touchant la détermination de son ancien maître ou seigneur.

Amédée, nous dit-il, l'amour des siens, la terreur de ses ennemis, vaillant à la guerre, habile au conseil, beau, juste et considéré, Amédée se demande un jour ce qu'il était avant de naître, ce qu'il avait été depuis et ce qu'il serait dans la suite. La réponse à ces trois effrayantes questions a toute seule converti les Ignace, les Bruno et mille autres; elle découvrit à Amédée le néant des grandeurs humaines et le bonheur éternel qu'assure une vie de pénitence et d'austérités. Il se décide résolument alors à s'arracher aux joies de la famille, aux jouissances de la fortune, à l'éclat de la gloire pour s'ensevelir tout vivant dans l'obscurité du cloître. (Chorier, hist. 9, II, 40. Guy Allard, dict. m.)

Selon d'autres, il aurait été touché par l'exemple du jeune Pierre de Tarautaise qu'on a pris à tort pour son propre fils.

Quoiqu'il en soit, de semblables conversions étonnantes aujourd'hui pour l'indifférence et l'incrédulité se renouvelaient fréquemment dans ces siècles de foi. Gaston, seigneur de la Valloire, son fils Gerin et huit autres nobles, leurs vassaux ou leurs amis, ne venaient-ils pas de jeter les fondements de l'illustre abbaye de Saint-Antoine-en-Viennois? La Chartreuse, Grammont, Fontevrault, Prémontré et Clairvaux ne s'élevaient-ils pas alors au milieu des forêts pour conserver les sciences et les lettres dans le silence de la retraite, lorsque l'Europe entière s'ébranlait pour la conquête des lieux-saints? (Dassy, abbaye de St-Antoine, p. 44-45.)

Une fois sa détermination prise, Amédée se fait missionnaire auprès de ses anciens compagnons d'armes et les gagne à la vie religieuse. Bien plus, son épouse et celles des autres chevaliers, décidés à le suivre, sont touchées à leur tour par la grâce divine et vont aussi chercher le bonheur de cette vie et de l'éternité dans la pratique des conseils évangéliques. L'abbaye de Laval de Bressieux, transférée plus tard à la Côte-Saint-André, s'éleva pour elles. (Collombet, ouv. cit. Chorier II, 40 et suiv. II, 32.)

Une circonstance doit encore rehausser à nos yeux le mérite du sacrifice d'Amédée en quittant le siècle, c'est sa haute noblesse et ses grandes possessions territoriales. Six terres reconnaissaient sa juridiction : Clermont, Saint-Geoire, Planèse, Lermion, Hauterives et Chalmen dont « par une agréable corruption on a fait Charmes, depuis quelques années, selon Chorier. » (Hist. g. II, 358.) De plus, il venait d'une illustre tige.

Ce m'est une merveille, ajoute l'historiographe du Dauphiné, qu'il soit fait si peu de mention de ces seigneurs d'Hauterives, parents des empereurs d'Allemagne, du sang de Conrad-le-Salique; mais cette noble et puissante famille n'a pas seule été si maltraitée. (Chorier, hist. g. II, 40.)

III.

Le Viennois et les terres voisines eurent à déplorer sous la domination romaine différentes vexations, apanage de l'autorité conquérante. Plus heureux sous le sceptre des rois Bourguignons et Francs, les habitants de ce pays eurent longtemps les mêmes lois et les mêmes intérêts.

Mais après l'élévation de Bozon, faite au château de Mantaille, le 15 octobre 879, mille germes de dissolution ne purent être étouffés par les successeurs inhabiles ou maladroits de cet élu du clergé et des grands.

Le règne de Rodolphe-le-fainéant laissa libre carrière à toutes les ambitions : « Aussi,
» vit-on alors les comtes, les barons, les
» évêques et les vicaires entreprendre de s'ar-
» roger la pleine propriété des biens dont ils
» n'étaient qu'usufruitiers, en qualité de fonc-
» tionnaires, et prétendre posséder les terres
» comme juger les peuples dans une entière et
» égale indépendance de la nation et de son
» chef. (Laurent, résumé).

Rapportons également à ces temps d'anarchie la construction des châteaux-forts, tous rivaux les uns des autres, dont les imposantes ruines hérissent encore nos coteaux les plus escarpés. (Chalvet. Bibl. du Dauphiné, intr.)

Les comtes d'Albon, surnommés Dauphins, les comtes de Valentinois, les barons de Bressieux, Sassenage, Clermont, etc., se trouvèrent de fait les véritables héritiers de l'indolent Rodolphe.

Toutefois, malgré le silence des historiens, n'opposerait-on pas raisonnablement une exception honorable en faveur des Clermont, du même sang que les empereurs d'Allemagne? Les héritiers de droit du royaume de Bozon, les empereurs d'Outre-Rhin n'ont-ils pas dû établir dans leurs nouveaux Etats leurs serviteurs les plus dévoués, leurs amis et leurs proches? On en jugera.

Un fait irrécusable du reste, c'est que l'illustre seigneur d'Hauterives, Amédée, était fils de Sibaud de Clermont et d'Adélaïs d'Albon. (Chorier H. G. Addition.)

Il naquit au château d'Hauterives, colosse féodal que son père avait peut-être bâti et dont il prit le surnom.

On ne sait malheureusement rien sur la vie de ses auteurs, non plus que sur les premières années de sa jeunesse.

Mais divers traits relatifs à sa carrière monastique nous dédommageront sans doute du silence de l'histoire.

Outre les pratiques de la règle de Cîteaux, déjà si rude, comme on l'a vu, Amédée sut encore donner l'exemple de l'abnégation la plus entière. Le neveu des comtes d'Albon, le parent des empereurs, n'était plus que l'humble serviteur des Pères de Bonnevaux : il lavait leur linge et oignait leurs souliers d'une drogue infecte, composée de lait de chèvre sauvage, de graisse de porc, de suif et de cendres ; lui seul enfin s'était chargé des travaux les plus vils et les plus fatigants, et encore s'y livrait-il en cachette et pendant le repos des autres moines. Un jour, Guigue d'Albon vint demander à Bonnevaux son neveu Amédée. L'abbé en avertit le religieux, alors occupé à cirer la chaussure des Pères : Amédée voulait finir son ouvrage avant d'aller au parloir. Le comte, perdant patience, se présente lui-même devant son neveu, et comme il le voit les manches retroussées, le visage baigné de sueur, tout entier à son travail, il lève les mains au ciel remerciant Dieu d'avoir inspiré une si grande humilité à un Clermont, et sort, sans bruit, de peur d'être aperçu. Peu après, Amédée le rejoignait au parloir et le comte, en l'embrassant avec émotion, se recommandait aux ferventes prières de l'humble Bénédictin. (Cousin Feller. Dict. hist. Giraud, dict. hist. de l'Egl. Gall.)

Lorsque Amédée et ses compagnons prirent à Bonnevaux l'habit de Saint-Benoit, leurs épouses et leurs filles, touchées à leur tour par la grâce divine, s'ensevelirent à Laval de Bressieux, pour tresser loin du siècle les fleurons de leur immortelle couronne. Là, brilla, dit Chorier, une fille du seigneur d'Hauterives qui mérita, après une vie exemplaire, d'opérer des guérisons miraculeuses au simple attouchement de ses habits.

De son côté, le fils d'Amédée, du même nom que son père, ne couvrit pas d'une moindre gloire le village qui nous occupe, et par ses vertus et par ses hautes dignités.

Ce jeune homme avait suivi son père à Bonnevaux. Mais comme les religieux de cette abbaye négligeaient son instruction, le seigneur d'Hauterives s'en alarma. Ils s'enfuirent donc un beau jour, tous les deux, fort secrètement, de leur monastère pour se retirer à Cluny, dont le prieuré de Mantes en Valloire dépendait. Ce fut là une faute que le vieux Amédée pleura longtemps.

Toutefois, le séjour à Cluny de nos fugitifs ne fut pas de longue durée. L'un est envoyé en Allemagne, à la cour de l'empereur Conrad, son parent, et l'autre, se rappelant tout à coup ses anciens compagnons d'armes qu'il a indignement abandonnés au milieu du combat, revient à Bonnevaux expier sa désertion par diverses humiliations volontaires et spontanées.

A quelques années de là, Amédée le jeune prenait l'habit religieux de Clairvaux, sous le grand Saint-Bernard, s'arrachant ainsi aux plus belles espérances de l'avenir. (Cousin, vies des saints de Clermont. — Th. Raynaud, hag. Lugd. — Manrique, annall. Cist. II, 95-6.)

IV.

La maison de Clermont, en choisissant pour sépulture l'église de Haute-Combe, entre Lyon et Belley, n'avait pas médiocrement contribué à la splendeur du monastère naissant. Amédée-le-Jeune, qui en fut nommé Abbé peu après sa profession, la rendit tout-à-fait illustre. On ne parla bientôt de toutes parts que des rares vertus du jeune religieux. Sa réputation de sagesse, de prudence et de sainteté devint même si grande, que l'évêque de Lauzanne étant mort, le clergé et les habitants de cette ville choisirent, d'une commune voix, le disciple de Saint-Bernard pour leur chef et leur pasteur. Malheureusement, l'histoire n'a conservé que peu de choses sur les belles actions du vertueux prélat, et le modeste biographe du père craint de ternir, par la bassesse de son langage, l'éclat des vertus du fils. On sait néanmoins que l'évêque de Lausanne fût tout-puissant à la cour de l'empereur Frédéric Barberousse, dont il était le chancelier, le distributeur des aumônes et le dispensateur des grâces, et qu'il eût toute la confiance d'Amé III, comte de Piémont et de Lombardie. Ce prince, en effet, pendant son voyage en Terre-Sainte, laissa aux mains du sage Prélat les rênes de son gouvernement et la tutelle de son fils Humbert, qui devint un Saint. D'un autre côté, le comte de Genève rasa, sur la demande d'Amédée, une forteresse nouvellement construite, qui inspirait aux habitants de Lausanne de justes craintes pour leur liberté. De semblables faits font l'éloge d'un homme.

Que faisait, pendant ce temps, le père de l'illustre Pontife qu'on avait un instant aperçu à Lausanne, auprès de son fils?

Nous l'avons vu dans l'humiliation à Bonnevaux, voyons-le fondant de nouvelles maisons dépendantes de celle où il a pris l'habit religieux. Il nous est apparu naguères occupé exclusivement à se faire oublier : aujourd'hui, Mazan, au diocèse de Viviers, Montpéroux, en Auvergne, Tamiers, en Savoie, et Léoncel au Valentinois publient les merveilles de son activité et de son génie, qualités indispensables pour fonder des monastères, admirables de construction et riches de revenus.

Mais hélas! ici finissent, pour nous, les ouvrages qui nous ont servi de guides. D'ailleurs, les courses réitérées, l'âge et les mortifications du vieux Amédée ont épuisé ses forces! Après quelques jours de maladie « *Sa sainte âme se sépare de son corps infiniment plus éclatante que le soleil.* » Sa mort arriva le 15 janvier 1145 et les religieux de Bonnevaux, pour honorer ses mérites, distinguèrent sa tombe et inscrivirent ce fervent disciple de J.-C. au nombre de leurs Saints.

Quatorze ans plus tard environ, son fils, l'évêque de Lausanne, l'ami du pape Eugène III, le flambeau de son ordre, allait recevoir au ciel la récompense des justes. Il expira le 27 septembre de l'an 1158, et fut enterré dans sa ville épiscopale. Une foule d'auteurs l'ont, comme son père, inscrit aux rang des Saints. — (Moréri, art. Amédée les cit.)

Il nous reste du bienheureux Amédée de Lausanne, huit homélies en l'honneur de la Sainte-Vierge toutes pleines de poésie, d'un style simple et aisé, où respirent l'amour et la plus entière confiance en la mère de Dieu. Elles roulent sur les vertus de Marie et sur les mystères adorables qu'elle a vus s'accomplir pour le salut des hommes. Ces divers sermons, par de fréquentes allusions aux usages et aux lois du peuple Juif, par des citations nombreuses et bien choisies, annoncent chez Amédée une connaissance approfondie des Saintes Écritures et un merveilleux talent pour en adapter à son sujet les expressions et les beautés. On connait diverses éditions et une traduction de ces remarquables homélies faussement attribuées à un cordelier Portugais. (Chalvet, Bibl. du Dauphiné. Voir Cousin, ouv. cité et Th. Raynaud, hag. Lug.).

Avec les deux Saints et illustres personnages, dont nous avons esquissé la vie, s'éteignit la branche des premiers seigneurs d'Hauterives.

« Mais je crois, dit Chorier, que la maison de
» Clermont est encore aujourd'hui l'un de
» ses rameaux. En effet, la terre d'Hauterives
» lui resta et elle a eu des Amédée qui l'ont
» aussi possédée. » (H. G. II, 55.)

V.

Cette famille, déjà très-puissante au XIIe
siècle, puisque Amédée, en 1117, était
seigneur de six grandes terres : Planèse, Clermont, Saint-Geoire et Lermion (Isère), Hauterives et Chalmen ou Charmes (Drôme); cette
famille, dis-je, a régné souverainement sur
soixante villes, châteaux et forteresses, habités
par une multitude de vassaux, nobles ou
roturiers. Elle imposa des tailles et subsides
sur ses sujets, leur donna des lois et des
franchises, leva des troupes considérables pour
la défense de ses privilèges et fit avec les princes
ses voisins des traités de paix ou de guerre.
Non moins ancienne que celle des comtes
d'Albon ou Dauphins, elle dût sa haute fortune
à une source plus pure et ne s'enrichit point
aux dépens de l'Eglise. Au contraire, dès les
temps les plus reculés, sa piété la porta à se
reconnaître vassale de l'Archevêque et du chapitre de Vienne. Elle a eu douze branches en
ligne masculine, illustrées les unes par des
reines, les autres par de hauts dignitaires
ecclésiastiques ou militaires. — (Cousin, ouv.
cité. — Alb. du Boys. Vie de Saint-Hugues-Guy, Allard dict. etc , Lelièvre, 458.)

La filiation des premiers Clermont et des

premiers seigneurs d'Hauterives présente de graves difficultés et n'offrirait qu'une suite fastidieuse de noms et de dates. Observons seulement que déjà en 1217, la maison d'Hauterives avait de grandes possessions à Reventin, près Vienne et Assieu. (Chorier, his. Gen. II, 100)

Nous livrons, du reste, à nos lecteurs, ce que nous avons pu recueillir relativement à ces temps obscurs et ignorés.

1147. — Moyse et Rostaing d'Hauterives ou d'Auberives viennent à Montchenu faire jurer au seigneur de ce lieu l'exécution d'un plait. (1147. — Cart. de Vienne.)

XIIe siècle. — Moyse d'Hauterives donne un moulin, sis à Saint-Martin, à l'église de Saint-Barnard. — (Cart. de Romans.)

Un d'Hauterives est fait prisonnier en Asie sous Philippe-Auguste. — (Arch. de Montchenu.)

1255. — Nicolas d'Hauterives, chanoine réfectorier de l'église de Vienne (1255), arbore la bannière de son église en signe de reddibilité sur les châteaux de Miribel en Valclérieux et de Bathernay. (Charvet, 598.)

1257. — Amédée d'Hauterives reçoit de l'archevêque et du chapitre de Vienne, à titre de fiefs rendables, les châteaux d'Hauterives et de Charmes, en présence de Berlion d'Hauterives, tige des Chastelard. (Id. et Collombet II, 152 d'Hozier, Grand Armorial, Reg. V.)

1321. — Ponce ou Poncet d'Hauterives, fils d'Amédée, l'un des principaux seigneurs du Viennois, meurt sans enfants et sa succession est dévolue, par le régent de la province, à Geoffroy de Clermont, proche parent du défunt, à condition que la terre d'Hauterives ne sera jamais distraite de celle de Clermont, à peine de confiscation. (Valbonnais, 1, 277, 2-9, 164 et 1, 296 Ann. de la noblesse, etc.)

1540. — D'honorables missions à la cour des Dauphins sont confiées à Geoffroy, le nouveau seigneur d'Hauterives; mais son fils Aynard vend à ces princes l'indépendance de sa maison. L'acte de 1540 ratifie la donation de la terre d'Hauterives. — (Valbonnays et Duchesne 1, 520; II, 420; p. 60.)

Un cadet de Clermont, Aimar, auteur de la branche des seigneurs de Surgères, Dampierre (Aunis) et Hauterives, obtient de son père ce dernier village que ses petits fils cèdent à la maison de Poysieu. Aimar et Joachim de Surgères se font une brillante renommée de courage dans les guerres du XIV° siècle et le roi Charles V, en mai 1379, abandonne à Joachim, sans réserve aucune, la terre d'Hauterives. (P. Anselme, hist. G. VIII, 907 et suiv.)

La Clause insérée dans l'acte de 1521 s'opposait à la séparation de la terre d'Hauterives du comté de Clermont; Georges de Poysieu, dont la famille était grande en faveur auprès du roi Louis XI, obtient de sa majesté la permission de posséder cette terre. (1467, Valb. II, 164.)

Etienne de Poysieu, son fils et successeur, militaire de renom, laisse Hauterives à sa fille Françoise et à sa veuve Louise de Saux, qui épouse en deuxièmes noces Jean de Saint-Chamond. — (Guy Allard, dict. Collombet et Charvet, A. du Rivail, Archives d'Hauterives.)

L'illustre Louis Adhémar de Monteil, baron de Grignan, lieutenant du roi en Provence, par son mariage avec Anne de Saint-Chamond, devient à son tour seigneur d'Hauterives jusques vers 1559. Alors ce fief n'a plus de possesseurs connus. (Archives d'Hauterives et de Chastelard.)

Amieu de Borel, gentilhomme ordinaire de la chambre du roi, d'une famille dont le nom est aujourd'hui porté avec honneur par un publiciste distingué, acquiert en 1601 de Jacques de Miolans, le château d'Hauterives, au prix de 16,666 écus d'or. Mais les seigneurs de Chastelard, derniers rejetons des premiers d'Hauterives, achètent, à leur tour, vers 1784, le village qui nous occupe; et la tempête révolutionnaire anéantissait à jamais tous les droits et les titres de nos derniers seigneurs, quelques années après. — (Archives Impériales. Archives d'Hauterives.)

VI.

Hauterives ne fut dès le xiiie siècle qu'un fief rendable de l'église de Vienne, et les Dauphins, déjà très-puissants alors, prétendirent aussi en avoir le domaine supérieur; mais leur prétention se brisa contre les droits de l'Archevêché et du Chapitre. Ces princes s'obligèrent donc à prêter hommage pour Hauterives et Charmes et exigèrent le même acte de respect et de déférence de ceux à qui ils accordèrent ces fiefs. Néanmoins Charles v. le sage se libéra de la reconnaissance qu'il devait à la métropole de Vienne, pour les deux terres précitées, au moyen de diverses autres possessions foncières dans le Royanais. Dès lors aussi, nos seigneurs firent hommage, aux seuls représentants du roi, en Dauphiné. D'autre part, l'usage le plus commun de la reddibilité des fiefs consistait en ce que la bannière du seigneur dominant put flotter librement, un ou plusieurs jours, sur le donjon du château tenu en fief, à la mort du seigneur ou du vassal : ce qui fut solennellement observé à Hauterives le 12 octobre 1423.

Ainsi la possession de terres immenses toutes productives de beaux revenus coûtait fort peu de chose aux gentilshommes.

En était-il de même des roturiers et des vilains ? Nous allons le voir. (Charvet, 667 ; — Valbonn. 1, 237, II, 45. — Lelièvre 458. Boissieux, Us. des fiefs, p. 40.)

Or donc, à Hauterives, le seigneur avait eu, de toute antiquité, la haute, moyenne et basse justice, ou le droit de juger ses sujets depuis le simple délit jusqu'au cas de mort inclusivement.

Il entretenait en sa terre une cour de justice, composée d'un juge, d'un châtelain, d'un procureur et d'un greffier, outre les agents de la force seigneuriale. (Archives d'Hauterives.)

Disons cependant, pour être dans le vrai, qu'un tribunal supérieur, nommé les Assises, y contrôlait comme ailleurs certains actes arbitraires du maître jugeant ses sujets. — (Arch. d'Hauterives.)

Un ancien document relatif aux limites des

mandements d'Hauterives et de Serres, villages rivaux depuis longtemps comme l'indique le parchemin poudreux, nous a conservé divers jugements de simple police assez curieux en leur genre. En voici la substance :

Etienne Blanc et Janet Valoys, se trouvant ensemble sur la limite des deux mandements, se querellèrent d'abord avec assez de violence pour en venir ensuite aux voies de fait. Blanc, à bout de patience, assène trois coups de bâton sur les épaules de son adversaire, qui s'arme aussitôt de son couteau poignard, l'arme inséparable des voyageurs d'alors. Au moment où Valoys tirait du fourreau la redoutable lame, un employé du seigneur d'Hauterives, survenant tout-à-coup, termine le débat ; mais les deux combattants dénoncés à la cour féodale furent condamnés à 60 sous d'amende chacun.

A quelque temps de là, et, dans le même lieu, Etienne Silvestre faisait certains préparatifs de chasse qui déplurent à Diot Payrin. Une querelle envenimée s'en suivit, et Silvestre recourait à son couteau de chasse, quand Payrin, pour parer le coup, frappe violemment de son épieu son menaçant rival. La dispute en resta là. Mais Sylvestre vint se plaindre au seigneur et Payrin dut payer 54 sous Viennois d'amende.

Deux autres habitants, qui s'étaient battus audit endroit, dans la crainte assez bien fondée sans doute d'être dénoncés, offrirent spontanément au seigneur Poncet 10 bons sous viennois chacun, moyennant lesquels ils furent absous.

Mais le jugement suivant laisse peut-être un

peu loin derrière lui les décisions de l'aréopage et des censeurs Romains.

Hugonet Burbaine et Martin Bourgeois avaient déjà eu précédemment maint sujet de querelle entr'eux. Ils semblaient toutefois être assez sûrs d'eux mêmes pour cheminer ensemble. Pourtant, un jour qu'ils revenaient seuls, côte à côte, de Thodure à Hauterives, arrivés à la limite de leur mandement, ils entrent en guerre ouverte par de futiles propos; bientôt, l'un et l'autre s'échauffent et coups de poing de voler. Hugonet, s'écartant alors, s'arme d'un caillou qu'il jette à Martin sans l'atteindre, puis avec une autre pierre qu'il tenait à la main il frappe son adversaire à l'épaule. Celui-ci riposte d'un coup de couteau, heureusement sans effet à cause des forts habits de Martin. Tous les deux conséquemment sont cités à la barre du lieutenant du juge. Là, ils avouent les faits à leur charge et le chevalier, Lantelme d'Hauterives, condamne Hugonet à payer au seigneur 20 sous viennois d'amende pour la pierre qui a blessé Martin et 60 sous pour celle qui ne l'a point touché!!!

Martin de son côté en fut pour 60 sous de ban. (Acte de 1315 sur les limites.)

A 500 ans de distance Messire Pierre de Borel, comte d'Hauterives, faisait grâce à l'un de ses vassaux, qui avait osé prendre quelques petits poissons dans la Galaure, moyennant deux hectolitres de blé et six livres d'amende. Et encore fallut-il pour cela employer l'intervention des curés d'Hauterives et de Saint-Germain.

Outre les bans et amendes les seigneurs levèrent aussi la taille aux différents cas.

Mais Louis xi en fit une de ses ressources les plus importantes et c'est l'impôt foncier d'aujourd'hui. Déjà le Dauphin Humbert ii avait aboli la taille personnelle qui faisait des main mortables de vrais esclaves.

J'ignore la part que prit Hauterives à la révolution excitée en Valloire dans le xvie siècle, à cause de l'impôt : je sais seulement que cette commune taxée à 12 feux 1/2 dès ce temps payait, en 1737, 5714 livres de tailles, plus 674 livres pour l'armée et en 1790, 6575 de taille, 1577 de capitation et 599 de vingtième, total : 8551 livres.

Or, sur les 9049 seterées formant la commune en 1708, d'un revenu de 72551., qu'elle partie supportait les impôts? Les 7105 seterées de fonds roturiers toutes seules. Les 4004 hectares de la même commune, estimées à 28,559 fr. 99 c., payent aujourd'hui 2314 fr. 90 c. (Archives d'Hauterives.)

VII.

Une foule d'écrivains ont donné sur le moyen-âge de savantes études, les unes favorables, les autres contraires au régime féodal : à chacun le soin d'établir sa thèse !

Pour moi je demanderai seulement à mes lecteurs la permission de leur soumettre diverses recherches statistiques qui, tout incomplètes qu'elles sont, ne laissent pas de jeter, ce me semble, un faible jour sur l'état de l'agriculture et sur l'aisance maté.ielle des laboureurs d'Hauterives en des temps déjà éloignés.

Prenons l'année 1790 pour exemple.

Or, en cette année là, 8551 livres d'impôts grevaient les fonds roturiers de la commune, qui payait en outre à l'archevêque de Vienne, prieur de Saint-Martin-en-Serein 471 l. de rentes et 1580 l. de dîme, aux ecclésiastiques desservant les autres sections 120 hectolitres de grains et 56 de vin, estimés 1560 livres.

De son côté, le seigneur exigeait de tout laboureur habitant au bourg, avec bœufs, chevaux, mulets et ânes, une émine de seigle et une d'avoine ; environ 240 livres.

De tout laboureur habitant hors du bourg une émine de blé, 3 quartaux de seigle et une émine d'avoine; environ 1750 livres.

De tout travailleur ou brassier demeurant hors les franchises, 3 quartaux de seigle ou environ 640 livres.

C'était là le droit de *vingtain* et de *moisson*.

Le tribut imposé sur les animaux étrangers paissant au mandement et le droit de *bouverage*, à 12 deniers pour chaque couple de bœufs, pouvait bien rapporter 20 livres ; le droit de *fouage* à 2 gros d'or, à une corvée et à une poule, 400 livres.

J'omets les cens et les rentes servis par les tenanciers du seigneur qui ne sont pas connus assez. (M. de Châtelard, pour une maison et 2 seterées 1/2 de terre à Saint-Germain, payait en 1545 une émine de blé et une poule.)

J'omets aussi le droit de *fournage*, de banalité des moulins, de pâquerage, et de Leyde, les jours de foire, qui valaient au seigneur, l'un une poule, l'autre certains droits arbitraires à son meunier, le troisième, un fromage et une toison de laine, le dernier et le ban-vin, diverses rentes peu faciles à déterminer.

Mais ce style mathématique deviendrait bientôt fatigant pour nos lecteurs : finissons en là puisque nous avons déjà un total fort adouci d'ailleurs arrivant à 15,000 livres d'impôts.

On me dira peut-être qu'il n'y avait pas au moins alors de prestations, de budget communal, de droits d'enregistrement et le reste.

Voyons à Hauterives ce qu'il en était.

« Les habitants pourront divertir pour
» l'amélioration de leurs terres les eaux mortes
» et pluviales sans les prendre en albergement
» du seigneur, attendu qu'ils sont tenus
» d'entretenir et réparer les chemins. » (Acte de 1505.)

Nous avons du reste mentionné déjà la corvée : voilà pour les prestations.

La preuve de l'existence du budget communal m'entraînerait dans de nouveaux détails hérissés de calculs : un argument irrésistible, c'est que la commune entretenait une école, des planches sur la Galaure, payait des guides pour les troupes du roi, qu'elle logea aussi par fois, réparait les églises et les presbytères de ses quatre sections et soutenait contre ses nobles seigneurs de fréquents et ruineux procès, comme par exemple en 1472, en 1609 et 1760 !

Enfin, au sujet du domaine, qu'on me permette de signaler à MM. de l'enregistrement

Messire de Borel, comte d'Hauterives, levant pour une vente de maison au prix de 200 livres, 66, 15 sous et 4 deniers à titre de lods ou muage; et pour celle d'un bois vendu 580, seulement 72 de lods « faisant grâce du surplus » à l'acquéreur en considération, dit-il, que » la femme de Pangon a nourri mon fils le » chevalier. »

Ajoutons du reste que les titres de la seigneurie lui donnaient droit simplement au 6ᵉ denier en cas de ventes et au 12ᵉ en cas de donations et permutations; ce qui, d'après un jurisconsulte de renom, était déjà « *avarissimum genus philargirii.* »

VIII.

Le dimanche qui suivit le 16 août 1760, jour de la fête patronale de Saint-Germain, quelques laboureurs d'Hauterives, attablés dans une chétive auberge, bâtie hors des limites de leur seigneur, vidaient ensemble plus d'une bouteille.

Que te semble, disait l'un d'eux à son voisin, de notre Messire de Borel qui, voulant nous faire promener sans doute, choisit des officiers pour sa terre, résidant l'un à Beaurepaire, l'autre à Moras et celui-ci à Lens? — C'est un rude maître, reprit le personnage interpelé, ses gens ne m'ont pas encore rendu les habillements qu'ils me prirent l'an dernier lorsque je pêchais dans la Galaure.

Tu te plains là de peu de chose, Thomas, s'exclame alors un troisième buveur, le dos me cuit encore à moi des coups d'étrivières que j'ai reçus au château pour avoir prix deux ou trois petits poissons. — Savez-vous aussi, continua le premier, qu'il demande à mon fils un double droit de moisson parce qu'il a cultivé le petit domaine de sa femme Berthe? — Il voulait bien me faire payer à moi, dit un autre, un double droit de moisson pour avoir labouré le champ de mon voisin Jeannot......

Pendant cette conversation, souvent interrompue par maintes rasades, l'hôtesse préparait un modeste souper, et des légumes, une salade, un pain noir et quelques pots de vin chargèrent bientôt la table. Je voulais, dit-elle, accommoder la langue du bœuf et les nombles du porc tués par le père Georget à cause de la fête; mais les gens du seigneur sont venus réclamer ces deux morceaux là.

Autrefois, reprit un de la troupe, il fallait aller les jours de foire lui présenter nos bestiaux gras à vendre; a-t-il converti ce droit en celui de prendre maintenant les langues de bœufs et les nombles de pourceaux? — (Acte de 1505.)

Il paraît, ajouta un autre buveur, — Du reste M. de Borel semble vouloir à toute force nous astreindre à la pénitence : avec ses droits de fournage et de fouage, avec ses censes et servis il nous prend toutes nos poules; les pigeons nous sont défendus rigoureusement; quant à la chasse et la pêche, n'en parlons pas : vous savez ce qu'il en coûte d'aborder la Galaure; de plus notre seigneur vient de prendre sous sa protection les nichées d'alouettes, de cailles, de merles et autre menu gibier, rendant responsables les parents des méfaits de leurs enfants et promettant dix écus à quiconque dénoncera un dénicheur, un chasseur ou un pêcheur !...

La critique des abus d'autorité commis par M. de Borel tant au fait de ses moulins qu'en l'usurpation de certains bois communaux allait continuer, quand un bruit violent retentit à la porte.

Plusieurs hommes armés entrent aussitôt, sommant nos buveurs de gagner le large et le débitant d'avoir à livrer sa boisson et de les suivre au château.

On sait que par son ban-vin le seigneur avait seul le droit de vendre du vin en gros et en détail pendant tout le mois d'août, quand bien même il n'en récoltât pas assez pour son usage et qu'il faisait souvent confisquer le vin des contrevenants à cette loi. — (Mémoire imprimé pour les consuls en 1761.)

Ce que disaient nos laboureurs si brusquement dispersés, on l'entendait murmurer chaque jour à voix basse. Les consuls de la commune venaient même de porter plainte au Parlement, et leurs mémoires imprimés trahissent en plus d'un endroit l'esprit d'insubordination qui devait plus tard envenimer la révolution dans nos pays. Là sont discutées une à une, pesées et rejetées, les injustes prétentions du seigneur, et si des hommes simples et courageux n'eurent pas entièrement raison devant la cour souveraine, le régime féodal ne gagna parmi les habitants de la commune qu'une moisson de haine et de malédiction.

Aussi quand l'orage révolutionnaire éclata, s'en prirent-ils jusqu'aux papiers inoffensifs de la seigneurie et livrèrent-ils stupidement aux flammes tout le passé et les actes généreux de leurs pères. (20 nivôse, an 1).

IX.

Il est facile de reconnaître qu'Hauterives ne fut jamais fort important au moyen-âge. Ni sa position, ni l'enceinte du château-fort ne le permettaient. Le manoir féodal se composait de plusieurs corps de bâtiments, dont on ne retrouve que de faibles traces. Il remontait au XIe siècle et succomba vers 1650 sous la main du temps et les coups de la foudre, car une vue de lieux faite en 1610 nous le représente comme déjà presque inhabitable. Outre la vétusté, l'absence presque habituelle de la plupart de ses possesseurs ne contribua pas peu à sa ruine. Il fut remplacé par la belle maison qu'habite aujourd'hui l'honorable M. Ferlay, jurisconsulte éminent et administrateur habile, auquel la commune doit sa prospérité et son avenir (1).

On ne saurait nier que la position du vieux château ne soit fort belle : à l'est une riante vallée qui ressemble à une nacelle ornée de verdure et de fleurs, quand le vent en agite les arbres ; au midi la Galaure et son magnifique pont, la route et ses détours multipliés ; plus loin la demeure ancienne des Thivolley, et des Chatelard, nobles et illustres vassaux des sei-

---

(1) Voir le *Courrier de la Drôme* du 3 juin 1854.

gneurs d'Hauterives, cités les uns et les autres avec honneur dans les fastes de la guerre et connus dès le XIIIe siècle. — (Guy Allard, Nobiliaire et Dictionn. mss.)

Des hommes bienfaisants ont su donner en notre âge au Barat ou Baral des Thivolley, une renommée qui durera tant que la reconnaissance sera une vertu.

Hauterives est historique seulement par ses nobles seigneurs.

La commune, vers 1515, était encore couverte de forêts immenses où les sangliers et les cerfs erraient en liberté.

Toutefois, si les habitants de la localité qui nous occupe n'ont pas vu s'accomplir de remarquables évènements sur leur territoire, s'ils n'ont laissé d'autres traces de leur commerce et de leur industrie que divers restes de fours à chaux, à tuiles et à poterie; si leurs murs n'ont jamais été tachés de sang humain, en méritent-ils moins notre estime et nos respects?

Ils peuvent à bon droit produire en revanche des preuves manifestes de l'ardeur et de la sincérité de leurs croyances religieuses. Ainsi, malgré leurs faibles ressources, ils ont jadis enrichi la commune de nombreux sanctuaires. La reconnaissance et la piété savent opérer des miracles.

Ici la chapelle de Mureils, là celle de Bonnecombe, adossée à un prieuré de Saint-Ruf et depuis peu relevée de ses ruines; ailleurs l'église du Vieux-Château, dédiée à Saint-Maurice, la chapelle de Notre-dame-de-l'Hôpital convertie en maison d'école et la chapelle de l'Annonciation.

La commune jouit encore des églises fort anciennes de Saint-Antoine à Treigneux, de Saint-Roch à Saint-Germain et de Saint-Martin à Hauterives, et de Saint-Romain à Tersanne.

Rien n'indique l'époque de la construction de ces édifices religieux : on sait seulement que Bonnecombe avait des chanoines de Saint-Ruf en 1159, en 1435, en 1505, 1553 et 1760 et des religieuses vers l'an 1300. Une belle inscription sur marbre du XIIIe siècle rappelant un anniversaire fondé par les Bellegarde, prédécesseurs vraisemblablement des Tivolley de Barat, mentionne les clercs de Saint-Martin en Serein. Il y avait donc là un prieuré que tenait en 1322 Jean de Loras, en 1423 Jean de Ligier et vers 1708 l'archevêque de Vienne. Le chapitre de cette ville de son côté était curé primitif de Treigneux et Tersanne. — (Archives d'Hauterives. — De Catellan, antiquités de l'église de Valence.)

Il nous resterait encore bien des choses à dire sur le langage et les mœurs des habitants, les curiosités du pays, ses illustrations, ses embellissements, église, fontaines et trottoirs, sur les anciennes familles nobles de la commune et sur celle de l'honorable Préfet de la Drôme, féconde en talents et en vertus; mais je n'avais promis qu'une chose : soulever à demi un coin du voile qui couvrait Hauterives.

Puissent mes lecteurs me pardonner quelques longueurs, quelques négligences de style en considération de ma bonne volonté et de la difficulté du travail.

Je prie aussi, en terminant, MM. Emile

Giraud, Vital Berthin, Borel d'Hauterives et M. le Préfet de la Drôme, de recevoir mes sincères remerciments pour les notes qu'ils m'ont fournies et les paroles encourageantes qu'ils ont daigné m'adresser.

VALENCE. — IMPRIMERIE MARC AUREL.

www.ingramcontent.com/pod-product-compliance
Lightning Source LLC
Chambersburg PA
CBHW061000050426
42453CB00009B/1213